GUIDE-MANUEL

DU TOURISTE

ET DU BAIGNEUR.

GUIDE-MANUEL

DU TOURISTE

ET DU BAIGNEUR,

A

BAGNÈRES DE LUCHON

(HAUTE-GARONNE),

Par E. Paris.

PARIS.
IMPRIMERIE DE E.-B. DELANCHY,
FAUBOURG MONTMARTRE, 11.

1842.

Quelques indices historiques sur Saint-Bertrand de Comminges, Saint-Béat, Luchon ;

Itinéraire des promenades et des courses ;

Conseils aux baigneurs ;

TEL EST LE SOMMAIRE DE CES LIGNES.

GUIDE-MANUEL

Du Touriste

ET DU BAIGNEUR.

Soit qu'on arrive par Saint-Gaudens ou par Montrejeau, ces deux routes principales se réunissent un peu avant le pont de la Broquère où l'on passe la Garonne.

L'œil du touriste a dû être attiré bien des fois déjà par les magnifiques vues lointaines des montagnes, si le temps est beau; mais, quand on approche du pont de la Broquère, il faut redoubler d'attention.

Alors se présente, sur un mamelon à droite, une cathédrale élégamment située. C'est le but de la promenade en voiture la plus intéressante de Luchon; souvenir du moyen-âge pour le yeux, souvenir des Romains pour la pensée. C'est

SAINT-BERTRAND DE COMMINGES,

qui résume en elle l'historique des vallées voisines.

Bâtie environ 100 ans avant l'ère chrétienne, 600 ans après la fondation de Rome, son origine est attribuée, par les historiens et géographes, à Pompée, lorsque, vainqueur de Sertorius, il établit ses trophées sur les monts Pyrénées. Prêt à se rendre à Rome, il voulut réunir en communauté ces valeureuses populations alors nomades, et il ordonna la construction d'une ville dénommée pour cela Lugdunum Convenarum. Strabon, Pline, Ptolémée, parlent en ce sens.

Cette ville acquit une grande puissance sous César, Auguste et Tibère, jusqu'à Théodose. Place-forte et château sur l'emplacement de la ville actuelle, la cité ancienne dut s'étendre dans la plaine et à l'entrée de la vallée. Ses alentours offrent encore des débris de structure romaine.

Elle suivit l'influence du pouvoir romain et des guerres religieuses. Les schismes de Rome et de Constantinople transformèrent plus tard en évêques les proconsuls romains, et sa puissance compta six à sept cents ans de durée.

Après Théodose, Alaric, élu roi des Goths, s'émancipa de la puissance romaine sous Arcadius et Honorius. Son successeur Atulphe eut Toulouse pour capitale et soumit les alentours. Mais Clovis Ier chassa entièrement ces peuples de ses provinces méridionales.

Lyon de Comminges était dans toute sa puissance quand un incident du hasard en amena la ruine en 585.

L'imprudent Gondebaud, célèbre par son infortune, fils naturel de Clotaire Ier, rappelé d'Italie par des généraux mécontents, prétendit au trône, fut poursuivi vivement par l'armée de Gontran et s'enferma dans cette place-forte bien approvisionnée.

Trahi par ceux qui l'avaient couronné, il périt ignominieusement et se trouva vengé par la mort des traîtres. La population entière fut massacrée et la ville ruinée.

Depuis lors, un long silence historique passe sur ces ruines. C'est la date des incursions sarrazines (en 721) sous Zama, et ensuite Abdérame; de leur défaite (en 730), par Charles Martel, après laquelle parut la création de gouverneurs de province, par Charlemagne.

En 788, après deux cents ans environ, reparaît la chronologie des évêques, parmi lesquels deux furent papes sous les noms de Clément V et Innocent VIII.

Jean Bertrandi, premier président du parlement de Toulouse, puis garde-des-sceaux de France et évêque de Comminges, est le plus connu. Il rebâtit et repeuple la ville, construit la cathédrale actuelle vraisemblablement sur les bases d'un temple ancien, l'entoure d'un cloître, et, par une administration toute religieuse et paternelle, devient le saint de la contrée, et partage avec l'antiquité le nom de la ville.

Le Comminges est plus tard (en 900) gouverné par des comtes-évêques, hommes de guerre et hommes d'église, et sa réunion à la couronne a lieu par le don de Marguerite à Charles VII (en 1450).

Aujourd'hui, petite ville délaissée, chef-lieu de canton de la Haute-Garonne, elle n'a pour l'animer que la visite des touristes et les travaux géologiques de M. Boubée.

Après le pont de la Broquère, la route traverse les villages de Loures et Bertren, dernier relai de poste, puis Estenos, et on voit bientôt sur la gauche le nouveau pont de Chaume, conduisant directement à Saint-Béat, et près duquel quelques tours ruinées, vues entre les arbres, indiquent Fronsac, séjour des comtes de Comminges.

Quelques instants après, environ une lieue avant Cierp, s'offre la réunion des eaux d'Aran à celles de Luchon, ce que vulgairement on appelle la réunion du Gar à l'Onne, dont on forme Garonne. Cette étymologie est spécieuse. Il est plus croyable que le nom entier dérive du haut Aran, où le même nom existe à *Montgarri*, *l'ouïl de Garoun*, *etc.*, *etc.*, et sur le versant opposé *Noguera*, anagramme de Garonne. D'ailleurs la Garonne n'est entière qu'à Montrejean, lorsque les eaux d'Aure se joignent à celles d'Aran et de Luchon. On arrive à

CIERP,

A 4 lieues de poste de Luchon, charmant village que la route traverse, situé au pied d'un rocher à pente rapide.

Le touriste le plus gâté ne peut traverser son fertile vallon sans avoir l'esprit charmé de tant d'abondance et les yeux fixés par les cimes pittoresques et majestueuses qui l'entourent partout et particulièrement vers Saint-Béat, dont le pic de Gar, géant dominateur, voit fièrement toutes les sources de la Garonne et son cours à quarante lieues de distance. Ce petit et gracieux village est un point d'intersection d'où Saint-Béat et Luchon se rendent au chef-lieu par de magnifiques routes carrossables en toute saison.

SAINT-BÉAT,

chef-lieu de canton de la Haute-Garonne, à deux lieues de poste de Cierp.

De hautes montagnes encaissent la Garonne et la ville. Une place entourée de constructions s'étend sur un bassin fertile vers la vallée d'Aran, dont cette ville est le débouché. D'autres maisons plus resserrées et groupées aux pieds d'un vieux castel se réunissent aux premières par un pont qu'il faut traverser aussi pour jouir de l'ombrage d'une belle plantation de gros tilleuls, promenade digne d'une population intelligente et riche.

Ce château, dont les ruines offrent encore des aspects pittoresques, fut l'origine de la ville. Construit pour la défense du passage, un couvent ou prieuré y fut annexé, puis quelques familles, etc., etc.

De récentes armoiries qualifiaient Saint-Béat *Clé de France;* de plus anciennes offraient deux montagnes : un loup sur un sommet; et sur l'autre, un homme portant drapeau avec ces mots : *Passus lupi.*

Des priviléges accordés par Louis XII, Henri IV, Louis XIII et Louis XIV, dont les lettres-patentes sont encore aux archives du lieu, ont amené la richesse de cette charmante petite ville.

Le commerce de bois, de laines, de grains, de mules, lui donne encore une certaine importance que peut accroître l'exploitation plus suivie de ses beaux marbres.

C'est une charmante excursion à cheval, de Luchon (de deux heures et demie à trois heures de distance). Un petit lac sur le bord de la route de Cierp à Saint-Béat a le mérite pittoresque quoique minime.

Les rives de la Garonne, si on veut tourner le rocher à gauche, à partir de Marignac, offriront des aspects charmants ; le sentier ne se prend qu'à cheval, suit quelques moments les eaux limpides du torrent, et ramène à la route près les blocs de marbre déroulés de la carrière.

Pour le touriste, à cheval, c'est une occasion de varier l'allée ou le retour.

ROUTE DE LUCHON.

Après Cierp, il faut s'élever par une côte rapide et longue d'où se voient les travaux récents d'une route qui longera le gave, et, le traversant sans cesse, offrira des aspects d'autant plus pittoresques. Présentement, on laisse à droite la nouvelle et belle forge de Mme Eymard où les fers célèbres du Raincié viennent s'assouplir sous la puissance des chutes d'eau de la Pique et l'Onne.

On aperçoit bientôt les cimes du bassin de Luchon : les pentes de droite offrent Cignac, Binos, Bachos, villages dont les noms sonnent la réminiscence romaine ; Guran, dont le château est le but de beaucoup de promenades équestres des baigneurs et baigneuses, et dont l'aimable châtelaine accueille toujours avec grâces. Un peu plus loin, le village de Casaux, le hameau de Luret; puis la route longe des roches perpendiculaires, marquées de la poudre industrieuse. Un étranglement resserre le passage, c'est l'entrée du bassin de Luchon.

Sur le monticule, à droite, a existé un fort dont aucune trace ne reste ; mais de ce point, la vue est exquise, ainsi que du charmant village de Cier et du hameau de Montmajou qui lui est superposé. Ces habitations semblent spectatrices de tout ce qui se passe dans la vallée entière, sur ses cimes et sur le Néthou espagnol.

De là, si le temps est clair, et si on est assez heureux pour s'y trouver matin ou soir, lorsque les rayons du soleil, inclinés, établissent des masses d'ombre et de lumière, on jouit d'une admirable vue : des pentes, rapides et boisées, encaissent la vallée que termine un magnifique rideau de montagnes, frontière de France et d'Espagne, surmonté de la Maladetta, la cime souveraine des Pyrénées ; des anfractuosités de roches déterminent les ports ou passages, et le ciel, que l'on voit à l'horizon, plafonne les cimes espagnoles.

On est dès lors dans le domaine de Luchon. Il n'y a plus qu'à glisser sur un terrain plat, et après avoir traversé les minimes villages d'Antignac et Moustajon, dont le castel charme le passant vers deux et trois heures du soir, puis le pauvre faubourg de Barcugnas, on entre à Luchon par une belle avenue de platanes.

LUCHON,

chef-lieu de canton de la Haute-Garonne, à trente-deux lieues de poste de Toulouse, dix de Saint-Gaudens, est le dernier lieu frontière à l'extrémité d'une longue et profonde vallée, à huit heures de Vénasque, ville espagnole d'Aragon, et deux heures et demie de Bosost, annexe de Catalogne.

Partie de la Gaule narbonnaise lorsque des proconsuls romains administraient Saint-Bertrand, elle suivit vraisemblablement toutes les destinées ultérieures de cette ville : des bustes, des autels votifs romains et quelques bas-reliefs grossiers du moyen-âge sont la base de ces suppositions.

Le dieu Lixon, inscrit sur ses autels votifs, est sans doute un hommage à la localité; car la plus ancienne étymologie de nom paraît remonter au mot celtique *louch*, lac. Les eaux de Luchon durent long-temps être arrêtées par le passage resserré à Cier : tel sera le motif du nom conservé à la vallée, déifiée plus tard par les Romains enthousiastes des effets miraculeux des sources.

Ces bains furent en usage sous Septime-Sévère : leur faveur, perdue, soit par l'invasion des Goths ou des Sarrasins, soit par deux incendies de la ville dans les guerres avec l'Espagne, notamment en 1711, soit encore par les éboulements de la montagne, ne reparut véritablement que sous les comtes de Comminge (en 1760), et surtout par le zèle du célèbre d'Étigny, gouverneur du Languedoc sous Louis XV. C'est à son esprit supérieur et aux soins persévérants de son délégué, M. Lassus Camon, que les habitants sont redevables de cette belle avenue, unique dans la topographie thermale, et qui, avec les deux autres de Luchon, fait la vie et la gloire de cette petite ville.

Quand plusieurs diligences, des chaises de poste, et l'affluence d'étrangers élégants, de dames en toilette, affluent sous ces ombrages où percent les rayons scintillants du soleil, on se croit vraiment dans une grande ville, et le montagnard ou l'Espagnol descendus des vallées voisines expriment la stupéfaction.

Par sa position au centre précis de la chaîne des Pyrénées, au pied de la Maladetta, la montagne-reine, cette localité thermale est plus riche en eaux, en calorique et en minerai.

Un maire dévoué, M. Pierre Azémar aîné, y a jeté toutes les semences du progrès, par dix ans de fatigues dévouées à améliorer les chemins, les ponts, les sources, les promenades, etc.; la maladie seule a suspendu le cours de son patriotisme.

Les travaux chimiques du docteur Fontan sur les rapports des eaux de Luchon à celles autres des Pyrénées, de Suisse et d'autres parties de l'Europe, établissent leurs qualités et quantités minérales d'une manière propre à leur assurer un avenir de plus en plus brillant.

Luchon est donc un de ces lieux privilégiés

par la Providence dont les habitants multiplient leur bien-être en assurant celui de leurs visiteurs.

Elle n'a d'autre industrie que quelques échanges de grains et de laine avec l'Espagne, et l'exploitation de ses bois vers la plaine. La culture des bêtes à cornes, et de leurs produits, réclame d'immenses progrès, car, dans l'état actuel, elle ferait sourire dédaigneusement tout enfant de la Suisse, dont les fromages s'y vendent fort cher. Mais la fortune de ses bains supplée à tout, et lui présage encore bien d'autres prospérités; des mines, des carrières, et cette vitalité qui s'empare de l'ère nouvelle.

Du reste, le comfortable du séjour est on ne peut plus attrayant : de jolis logements, de bons petits chevaux, une grande concurrence de traiteurs, de bons fruits apportés abondamment de la plaine, les raisins de Sarragosse, vers la mi-août, beaucoup d'affabilité de la part des propriétaires, et enfin des sites pittoresques qu'on voit encore avec intérêt, même après la Suisse.

PROMENADES.

LA PROMENADE DE PIQUÉ,

la plus mondaine et la plus à portée de tous, suit l'avenue d'Étigny ou des bains, va, de l'établissement thermal, droit au torrent, le longe gracieusement jusqu'au pont de Montauban, et revient par l'avenue de ce nom.

PETIT BOIS DES BAINS.
Fontaine d'Amour.

Cette promenade s'élève en lacets derrière l'établissement thermal, à travers une pente boisée qui le domine ; une multitude de sentiers s'élèvent sous l'ombrage, se croisent en tous sens, passent sous de vieux troncs de tilleuls ou hêtres accrochés pittoresquement aux rochers, et si le baigneur mélancolique incline en s'élevant vers la direction méridionale, un groupe de peupliers et de saules pleureurs lui indique une petite source à côté de laquelle est un banc sous l'ombrage, tout cela embelli du gracieux surnom de *Fontaine d'amour*, dû sans doute à plus d'une rencontre aimable. Il faut vingt minutes environ pour y arriver, et la vue qu'on goûte de là, l'avantage d'une promenade à l'ombre assurent pleine satisfaction.

PROMENADE DE LA CASSEYDE.

C'est la plus délicieuse promenade pédestre du matin ou d'après-dîner, chaude par l'exposition et dont la durée est de trois quarts d'heure au plus pour une dame.

En sortant de la ville, vers l'allée de Barcugnas, on arrive à une petite place, et passant le pont de gauche près le petit moulin, on gagne le pont du cimetière où le bruissement d'eau et les ombrages sont un agréable début de la promenade. Arrivé près du cimetière, on tourne à gauche, on se trouve momentanément écarté du gave que bientôt on longera de nouveau.

Près de l'endroit où l'on s'en rapproche, un

simple sentier de culture s'offre à droite, serpentant assez haut dans le rocher. Il convient d'y avancer une centaine de pas, et si on se trouve là vers cinq heures du soir, on a l'aspect qui forme la plus belle vue générale de Luchon, celle saisissable du crayon ou du daguerréotype. L'œil parcourt les allées de Barcugnas, des Soupirs et des bains. Les maisons de Luchon, Montauban, Saint-Mamet, le Viel-Castel et le magnifique fond de vallée, tout cela exprimé à cette heure par des jets de lumière et les belles teintes d'ombres particulières aux montagnes.

Revenu au chemin qui longe le Gave, on le suit jusqu'au pont de Mousquérès et l'on revient par l'allée des Soupirs; mais avant d'arriver au pont de Mousquérès, on admire d'une part la fraîcheur vivace en opposition aux roches stériles que longe le chemin. Des malheureux y récoltent avec peine quelques poignées de seigle, tandis qu'avec plus d'industrie, par la plantation d'arbres fruitiers adossés en espaliers, cette montagne inerte peut devenir quelque jour un riche produit.

Le sentier lui-même est pour les habitants un problème résolu depuis peu, et il leur procure, comme aux étrangers, la plus délicieuse promenade pédestre.

PONTS-DE-TRÉBONS.

Chapelle Miraculeuse.

COURSE DE DEUX HEURES.

Du pont de Mousquérès, si on est marcheur, on désirera allonger la promenade précédente. Il faut monter le grand chemin, d'où l'œil est agréablement occupé, soit en considérant le précipice ou les hautes forêts de sapins, ou les fraîches prairies de Gouron, ou l'aridité de la montagne de Cazaril; et, lorsqu'on a monté pendant un quart-d'heure environ, le chemin tourne, change de vue, la gorge se resserre, le torrent mugit et le sentiment poétique s'empare du passant qui y est accessible. C'est le but de la promenade. De quelque côté que l'on considère les alentours de ce pont, le site est délicieux de grâce et de vie : ombrage, verdure, eaux bouillonnantes, etc., etc. En descendant sur les bords du Gave, un peu avant d'arriver au pont, l'aspect du rocher, aux fentes duquel les tilleuls et noisetiers se sont accrochés, présente avec le pont un motif de dessin ou peinture d'un style poussinesque. Lorsqu'on a assez contemplé, on passe le pont, et de suite est à gauche un petit sentier accessible aux chèvres; ou, quelques pas plus avant, près le deuxième pont de Trébons, un sentier meilleur qui amène sur le rocher admiré, puis rapproche du torrent et continue à le dominer en suivant son cours sur le versant opposé.

Ce sentier, à travers prés et arbustes, offre à admirer les lignes perpendiculaires des rochers qui dominent le torrent et sur lesquels on a passé en venant, puis il conduit à la carrière de marbre gris et au pont de Mousquérès.

A cinq minutes du deuxième pont de Trébons est le charmant petit pont de Saint-Aventin, et cinq minutes encore, on arrive à la chapelle miraculeuse.

Cette excursion totale, allée et retour, demande deux heures à un marcheur.

ÉGLISE DE SAINT-AVENTIN.

A quinze minutes de la chapelle miraculeuse, le village de Saint-Aventin s'élève échelonné sur une pente rapide que la charrue peut néanmoins labourer. Il est dominé majestueusement par son église dont les murs, et principalement ceux de la porte, offrent incrustés quelques restes de sculptures grotesques du XVe siècle. C'est un sujet d'intérêt, rare en ces contrées, et c'est un but de promenade que toute personne marcheuse peut facilement entreprendre. Les dames feront bien d'être suivies de la modeste bourrique.

MONTÉE A CAZARIL.

Cette promenade, préférable le matin, n'est pas une grande course, et cependant, en raison de la rapidité du terrain, les dames l'entreprendront rarement à pied. On passe le pont de Mousquérès, on suit la montée quelques instants, et on tourne à droite aux premières maisons voisines de la route. Le sentier monte rapide, dominant Luchon et sa vallée, suit plusieurs lacets assez raides, et va longer le roc de Cazaril. De là la vue est magnifique, et à peine tourne-t-on le rocher, que la surprise de trouver un cours d'eau, des laveuses, des ombrages, et un village si naturellement placé là, contradictoirement à ce que l'on pensait en bas, est la digne récompense de la fatigue ou de la chaleur.

La petite église, isolée du village, plane religieusement au milieu de tant d'œuvres surprenantes de la nature. Le sentier passe à côté et descend à pente douce au petit village de Trébons, dont l'église figure aussi pittoresquement. Avant d'arriver à ce village, un autre sentier tourne à gauche et ramène directement sur la route qui descend au pont de Mousquéiès.

CASCADE DE MONTAUBAN.

C'est une des premières promenades que le goût du pittoresque fait rechercher, et l'avenue qui y conduit est d'une longueur seulement de vingt minutes.

En arrivant au village, on passe à côté de sa petite église, modeste édifice conforme à la simplicité évangélique et dont l'aspect gracieux, au soleil de 2 heures, mérite un instant d'arrêt : située dans une prairie entourée d'arbres, et dominée de hautes montagnes boisées de sapins.

On arrive jusqu'au fond du village en suivant toujours le cours d'eau. Un grand portail à droite donne entrée au jardin du curé. On frappe, et toujours on est entendu.

Par des pentes douces, ornées de fleurs, ombragées de beaux arbres ; au murmure délicieux de ruisseaux bruyants, on s'élève sans s'en apercevoir, et, lorsqu'on arrive à la sortie du jardin sur la montagne, tout près de la cascade, on a mis dix à quinze minutes sans fatigue.

Une enceinte de rochers, démolis par les eaux, est ce qui caractérise cette cascade qu'on ne peut voir que de trop près; mais le bruit, l'harmonie vaporeuse, le pittoresque des rochers, et surtout le total de la promenade, voilà ce qu'il faut considérer et ce qui y ramène avec plaisir.

CASCADE DE JUZET.

Le chemin qui tourne à gauche avant d'entrer au village de Montauban, et d'où se présente la vue de la petite église, est celui du village de Juzet, distant de Luchon d'une demi-heure environ.

Le cours d'eau indique facilement la cascade qu'un petit moulin précède à l'ombre des rochers qui l'enferment et mu par l'eau qui en découle.

Il faut enjamber l'arbre creusé qui sert d'aquéduc au moulin, puis, traverser en sautant sur les pierres et se placer sous l'espèce de grotte à gauche. De là, on juge ce qui donne intérêt à la localité : la coupe gracieuse et sévère des rochers, la belle forme du bloc isolé, les sommets couverts d'une végétation vivace ou de festons de lierre, et l'éclairage du soleil de une à deux heures. Voilà pour l'œil de goût et artistique.

La course du village, cascade et retour, peut se faire rigoureusement en soixante-dix minutes.

Si on veut allonger la promenade, la même direction qui amène à Juzet conduit au-delà en une demi-heure, et par un chemin agréable, à

SALLES,

village où passait l'ancienne route de poste. On entre, et la rue qui tourne à gauche rejoint, en quelques minutes, la nouvelle grande route et

ANTIGNAC,

dont l'église, vue du sentier qui conduit aux prairies, offre quelques lignes de perspective intéressantes. Les hauts rochers qui dominent au couchant lui impriment un air mélancolique propre à arrêter un instant le promeneur qui, du reste, ne sera pas écarté de plus de vingt pas. A un quart d'heure de là, est

MOUSTAJON,

dont l'infime église, placée sur la grande route, intéresse par les sommets neigeux qui apparaissent au-dessus d'elle, et cinq minutes plus avant, vers Luchon, est un plus véritable motif d'intérêt, par le

CASTEL MOUSTAJON,

singulièrement construit sur la crête aiguë d'une

fraction de rocher; ce simple abri défensif semble un factionnaire de Luchon, dont il fut sans doute sentinelle avancée, comme Castel-Viel vers les accès espagnols et Castel-Blancat sur les vallées d'Oëil et de l'Arboust. Il disparaît dans la couleur des rochers lorsque le soleil ne l'éclaire pas ou l'éclaire trop; mais, de une heure à trois, le soleil tourne derrière et le détache avantageusement.

Une simple visite, de Luchon à Castel-Moustajon, est l'affaire d'une heure et demie, compris le temps de gravir le rocher. Si on se place au-delà de la tour, regardant le fond de la vallée, l'aspect matinal sera délicieux.

En revenant à Luchon, on voit, à gauche de la grande route, un chemin qui aboutit droit à Juzet, et qui, par un sentier dans les prairies, longe le torrent et le remonte jusqu'à la petite scierie, sur l'allée de Montauban. C'est une aimable et petite promenade qu'on peut commencer par la route ou plutôt par la scierie.

Une autre gracieuse et courte promenade sera la

SCIERIE DE SAINT-MAMET.

On suit le chemin de ce village jusqu'au pont qu'on traverse, et on descend de suite à droite sur la rive du Gave. On le longe, on suit la prairie jusqu'à un petit moulin d'où le sentier rejette à gauche sur un autre petit moulin, dans la prairie, et alors, tournant à droite, on revient aux rives du Gave, à deux scieries, dans un lieu charmant. Il faut passer sur des planches les deux rigoles par lesquelles l'eau s'échappe des deux scieries, et on se trouve sur une espèce d'île d'où la vue d'une scierie et de la Pique limpide offre le sujet d'un joli dessin. L'aller et retour exigent vingt minutes, une demi-heure au plus.

CASTEL-VIEL,

au fond du bassin de Luchon, est aperçu en arrivant. C'est une promenade qui s'indique elle-même : embranchement de plusieurs vallées, aridité de roches que domine une vieille tour, c'est un véritable aimant pour l'œil et l'esprit.

En trente minutes, on arrive au poste des

douaniers, simple abri que l'esprit industrieux de ces soldats civils a entouré de fleurs et d'arbres qui, en grandissant, lui donnent l'aspect d'une petite oasis, au milieu de l'aridité qui l'entoure.

En cinq minutes, on grimpe à la tour, et si on veut aller voir la

SOURCE FERRUGINEUSE,

ce sera dix minutes ou un quart d'heure au plus. On continue à monter la route jusqu'à ce qu'elle tourne. Alors, peu après les premiers peupliers, une barrière à gauche offre un sentier sur une pente rapide, et tout-à-fait sur le lit du Gave se trouve cette source abondante coulant à travers une fissure de rocher.

Ses alentours sont fort beaux, soit qu'on descende quelques pas sur le lit inférieur où un éboulement de roches colorées offre une étude de peinture dans le style de Salvator Rosa, soit qu'on remonte quelques mètres au-dessus de la source en tournant le rocher d'où elle sort. Dans ce dernier lieu, on a vue sur le cours du Gave arrivant, qu'ombragent les arbres accrochés aux roches, que vivifient le bruit des eaux et le scintillement du soleil de midi : une heure. C'est une station toute romantique, où un banc taillé dans le roc invite à la méditation et à la lecture.

Au retour, la pente raide est pénible à regagner la route. Si on s'y retrouve à trois ou quatre heures dans les grands jours, on admire le bel effet de Castel-Viel sur les montagnes de la vallée.

On revient au poste de douane, et, si on désire changer de chemin et dépenser quelques minutes de plus, un petit sentier descend dans la prairie, droit en face le poste, et aboutit au

PONT DE PEQUÉRINE

ou des Douaniers.

Cette promenade seule demande une heure.
Le pont, vu de la rive droite de la prairie, offre un joli dessin du matin : des eaux courant bruyamment sur le devant, un pont de bois ombragé d'arbres, une tour sur un rocher, des sommets couverts de sapins, etc., etc.

On revient par Saint-Mamet, dont le chemin longeant les roches arides et bouleversées augmente de dix minutes.

Si, après avoir vu ce pont, on veut retourner par la rive gauche, il ne faut pas remonter le sentier rapide des Douaniers; un autre, longeant le Gave, amène à la route plus agréablement et plus promptement.

Près ce pont, on peut aller voir les rochers à pic sous Castel-Viel, où la Pique se resserre tumultueusement. On suit le chemin de la vallée de Burbe et on tourne à droite au premier embranchement. Un tout petit pont se présente presque immédiatement, puis une barrière à droite qu'on escalade, et un sentier à peine frayé dans la prairie conduit sur le rocher parallèle à Castel-Viel; du pied de ce rocher, il est facile de voir le torrent.

Lorsque les foins ne sont pas coupés, on continue, après le petit pont, jusqu'au sentier pierreux montant à droite, par lequel on arrive sur le même rocher, en vue de Castel-Viel et d'un aspect de Luchon; tableau superbe matin et soir.

PICH DE VERGÈS

est une jolie petite cascade dans la vallée de Burbe, sur le chemin du Portillon. Pour la voir avantageusement, il faut suivre l'ancien chemin dans lequel on se trouvait précédemment, près la montée pierreuse.

En remontant donc quelques minutes sur la rive gauche de Burbe, cette chute d'eau se présente pittoresque, le matin surtout. Le petit pont qui semble traverser sous elle ne se voit que de là.

Supprimant ce détour, ou revenu à la place sur le rocher, d'où on domine Castel-Viel et Luchon, on continuera en remontant la rive droite de la Pique jusqu'au

PONT DE LA PADÉ,

par lequel on reviendra à Luchon, du côté du poste de douane. Il est à peu près à vingt minutes au-delà de Castel-Viel.

Les alentours de ce pont sont séduisants à toute heure, et principalement lorsque les rayons du soir inclinant sur les belles pentes boisées de Superbagnères, jettent leur éclat sur le fond de la vallée. Alors c'est un tableau dont le pont, les eaux vives, les blocs éboulés sur les gazons forment le plan rapproché et dont les troupeaux, les Espagnols passants et les promeneurs équestres forment la vie de tout le jour.

Beaucoup d'autres promenades s'offrent d'elles-mêmes aux marcheurs. Il aura donc suffi d'indiquer les principaux chemins pour les mettre à même de connaître les embranchements et leur laisser ensuite le plaisir de la découverte ; puis les courses équestres où plusieurs d'elles seront du domaine de quelques piétons.

Mais il reste à désirer que l'administration locale s'occupe plus activement de l'ombrage des chemins, pour rendre le séjour des baigneurs plus délicieux et la route du pauvre moins pénible.

COURSES ÉQUESTRES.

VALLÉE DE LYS OU DES LITZS.

(AVALANCHES.)

Comme l'attrait de remonter à la source des cours d'eau et d'aller toujours plus avant dans la montagne est le principal aiguillon de l'étranger; comme le nouvel arrivé à Luchon préférera sûrement commencer par une course peu fatigante, la vallée de Lys réalisera ces deux vues.

Voir Castel-Viel passer au-dessus du bocage de la source ferrugineuse, traverser le pont de la Padé, puis le premier pont ensuite à droite, lorsque le chemin se bifurque, laissant sur la gauche le chemin par lequel on se rendra une autre fois à l'hospice : tel est le début. Après cela, on a toujours le torrent à sa gauche et on chemine sous des buissons de noisetiers et de tilleuls; puis c'est le torrent de Lys qu'une autre inclinaison du chemin fait suivre sous l'ombrage d'arbres pittoresques; alors c'est la localité de Bonéau, une des plus délicieuses par ses détails pittoresques : trois ponts espacés, jetés aux endroits où la roche resserre le torrent, présentent un ensemble d'accidents poétiques, et principalement celui du milieu.

Si on sait le voir et trouver le passage un peu dangereux pour le regarder d'en-dessous, l'effet est majestueux et terrible. Le torrent arrive en cataracte mousseuse sous le pont, se repose un instant et tombe bruyamment comme dans un gouffre à quelques mètres plus loin. Les hêtres poussés dans les fissures du roc forment berceau sur les ondes, et leurs racines contournées, couvertes de mousse épaisse, se recommandent aux yeux délicats.

Tout ce chemin est plein d'intérêt : partout blocs éboulés, enlacés de vieux arbres contournés ; et lorsque la vallée de Lys s'ouvre, lorsqu'on commence à cheminer entre les gazons, une faible cataracte à gauche qu'indique presque toujours un sentier dans l'herbe foulée, doit encore être un sujet de halte. C'est la cascade Richard, du nom de cet artiste distingué ; elle mérite un regard, sinon par le volume de ses eaux, au moins par son gracieux aspect et celui des arbres qui l'entourent.

Ensuite nous courons sur des gazons, ou plutôt nous laissons faire nos chevaux sur un terrain qu'ils connaissent mieux qu'aucun guide, parce que le malheureux coursier de Luchon fera cette course cinquante ou soixante fois par saison, presque toujours au galop, et que ce sera son jour de paradis s'il ne la fait qu'une fois.

LA CASCADE D'ENFER,

Qui termine la vallée, se présente de loin à la vue par un simple filet d'eau dont l'importance augmente en approchant. Les jolis hêtres qui l'entourent, les sapins qui se groupent sur la pente de ses rochers et la fissure étroite à travers laquelle s'est frayé passage une eau impétueuse et bruyante, tout cela donne à l'esprit un saisissement qui peut justifier l'épithète d'enfer donnée à ce lieu, en contraste avec les pelouses gracieuses que l'on vient de traverser.

A gauche est un autre torrent et une autre cascade,

LA CASCADE DU COEUR.

Il faut traverser à gué le torrent près la réunion des deux eaux. D'abord les eaux d'Enfer, puis les eaux de Cœur, et, longeant la rive droite du dernier gave, on arrive en dix minutes au sentier tracé de cette cascade ; ses eaux tournant un rocher d'une part, tandis qu'elles se joignent d'autre part à celles versées par un autre gave, se trouvent au point de jonction former l'angle aigu d'un cœur; et comme au-dessus du mamelon entouré d'eau se trouve une pente échancrée; comme c'est dans la direction de cette échancrure que tombe la cascade, placée là comme la flamme sur un cœur, de là cette dénomination.

Cette chute est plus remarquable que la première, parce qu'elle est plus entourée de sapins, de débris et de désordres de toute espèce; son site est un assemblage gracieux et sauvage.

Ses eaux dérivent de trois cascades superposées qui dérivent elles-mêmes d'un petit lac ; tout cela est très-intéressant pour le dessinateur, le naturaliste ou le franc marcheur, mais ne convient pas à la grande majorité, qui regretterait la fatigue. C'est une excursion pour ceux qui séjournent long-temps à Luchon.

En quittant la cascade du Cœur on incline à droite plus qu'en montant : on se dirige vers le milieu de la vallée afin d'abréger le retour.

Dans le cas où on voudrait monter aux cascades supérieures, dont les deux premières s'atteignent presque entièrement à cheval, il faut, de cette même direction, tourner bientôt brusquement à droite en montant, pour passer au-dessus des sapins qu'on voyait à gauche en regardant la cascade; le sentier est rapide, mais n'est pas mauvais. On traverse des solitudes intéressantes. Les rives du lac abondent en vieux sapins décrépits, aimés du crayon habile de l'artiste toulousain, M. Latour.

Si, de la cascade du Cœur, on songe au départ; au lieu du détour indiqué, on passe le torrent sept ou huit cents pas plus bas que la petite auberge, sur un point où il est très-guéable; on traverse les prairies jusqu'au groupe de granges où se trouve un abreuvoir, et l'on se retrouve sur ses pas.

Du pont de la Padé, on peut continuer tout droit sans le traverser; ce sentier allonge de quelques minutes et offre un intérêt nouveau, surtout quand on arrive en vue de Castel-Viel. On peut repasser à cheval le pont de Péquérine, et suivre le sentier aux rives du gave, indiqué à la promenade de ce nom.

Un touriste pressé peut, le même jour, aller voir la cascade dite des *Demoiselles* dont il verra ultérieurement le tracé ; mais plus sage est de remettre à un autre jour.

VALLÉE DE L'HOSPICE.

Parallèle à la vallée de Lys, celle-ci est infiniment plus agréable sous le rapport de l'ombrage, dans la saison où viennent les étrangers ; elle est plus boisée sur les chemins et par conséquent plus fraîche.

Après Castel-Viel, on passe le pont de la Padé, et lorsqu'un pont s'offre à droite, celui de Lys, on continue devant soi en montant : c'est la route d'Espagne.

Bientôt le chemin se bifurque : l'un continuant à monter, l'autre descendant à droite par une inclinaison jusqu'au gave ; c'est celui de la

CASCADE DES DEMOISELLES.

et nous ferons sagement de commencer par là si nos projets se limitent à l'Hospice.

Suivons ce sentier qui nous mène aux eaux vives et ombragées; un petit pont s'offrira à droite, presque caché sous des feuillages d'aulnes; nous le traverserons, et ce gracieux chemin nous conduira sous l'ombrage jusqu'à la belle pelouse de Jouéou, où un tas de pierres amoncelées et un petit arbre sur des ruines, indiquent un ancien hospice des templiers lorsque le port de la Glère était fréquenté.

Ce sentier traverse la pelouse, continue à travers des buissons de houx et de noisetiers jusqu'à un petit pont jeté sur les eaux qui descendent de la Glère. On le laisse à gauche, on remonte le sentier près le gave de Glère, on laisse encore un autre pont quelques pas plus loin, et, traversant sur les débris d'un ravin à sec, on arrive sans peine à l'antre ténébreux ou très-frais bocage au fond duquel glisse une cascade entre des roches perpendiculaires couvertes de végétation.

Comme l'humidité est très-grande, il faut repartir vite. On redescend jusqu'au petit pont qu'on a le premier laissé à gauche, on le traverse et on grimpe devant soi à travers une belle forêt. On entend bondir à sa gauche les eaux de l'Hospice; la montée est quelques moments pénible et suit sous de beaux ombrages ; une clairière se présente formée par les débris d'avalanches et d'ardoisières. On continue le sentier jusqu'à un torrent transversal venant de droite, c'est celui de la cascade dite du *Parisien*. Si nous traversons le gave, le chemin suivi naturellement nous mènera à l'Hospice ou nous offrira quelques difficultés à retrouver le sentier de la cascade. Si, au lieu de franchir le gave, nous remontons sa rive gauche à travers la forêt, nous arrivons, en cinq minutes et sans chemin tracé, à la

CASCADE DU PARISIEN,

chute d'eau intéressante par sa position et son entourage. Elle tombe par étages comme une cascade artificielle ; mais les sapins qui l'ombragent, les débris d'arbres et de roches qui l'avoisinent lui donnent l'aspect d'un repaire d'ours.

Passons la rive droite sur des troncs d'arbres disposés pour cela, et suivons le sentier quelquefois boueux qui va directement à l'Hospice où l'on arrive en traversant le gave du Pesson.

L'HOSPICE.

Cette situation est ravissante quand le temps est beau, autant qu'elle est peu aimable enveloppée de brouillards, ce qui lui arrive fréquemment. C'est un fermage de la commune de Luchon, comme auberge et comme pacage. Un bail de 3,000 francs par an résulte des enchères pour ce domicile peu séduisant. Quelques malheureux Espagnols avec qui il faut disputer quelques pécètes ; la visite de quelques promeneurs pendant l'été seraient insuffisants ; le pacage doit donc être l'affaire principale, et comme les Hospitaliers ignorent la confection du fromage, il faut en conclure que tout le produit est dans l'éducation et la vente de bétail. Puisse un tel fermage tomber jamais dans les mains d'une famille suisse, et un bail de plus de durée la mettre à même d'appliquer ici l'intelligente industrie de sa contrée !

La pente rapide qui s'élève vis-à-vis l'Hospice est celle par où l'on gravit au port de Vénasque, admirable ascension.

Vers l'est, la vallée s'élève plus doucement et semble plus disposée par la nature à recevoir un bon chemin ; mais comme il est plus long, le premier se trouve plus fréquenté.

De l'Hospice, on descend par le chemin routier tout boisé et toujours agréable ; on a les cimes de Superbagnères devant les yeux, tant qu'on est dans le val de l'Hospice, puis celles vaporeuses de Luchon lorsqu'on tourne cette direction, toujours chérie des promeneurs, toujours affamés.

ASCENSION A BOCANER.

L'intention d'être agréable et utile offre ici une grande déviation de la routine généralement suivie, car cette excursion, peu faite ou des dernières, est une principale à notre avis, et la première peut-être pour quiconque veut saisir la topographie locale ; le baigneur même délicat et les dames résignées aux petites courses, devront suivre la moitié ou même le quart de ce chemin d'où seul on connaît bien Luchon.

De Juzet, Sode, village perché plus haut, s'offre à gauche de celui qui regarde les anfractuosités de la cascade ; le chemin s'élève insensiblement en lacets bien tracés, et, après vingt minutes, on chemine aux bords d'un ravin tellement rapide, que des arbres bordant la route, la cime des uns et les racines des autres sont au niveau du passant. Un ruisseau coule à l'entrée de ce petit village, échelonné sur une pente de gazon. On passe près de l'église, on gravit devant soi le chemin d'Artigues, à travers une petite forêt d'où les aspects commencent à être beaux. Après bien des lacets on se trouve sous un petit sentier abrité, vrai sentier d'amour où l'on chemine à plat jusqu'aux roches arides où Artigues semble perché, quoique en réalité, de vertes pelouses l'entourent en partie.

Vu de Luchon, Artigues est un nid d'aigle ; vu sur place, c'est du pastoral suave entouré de vues grandioses.

A une heure de Sode, à deux heures au plus de Luchon, ce sera le lieu d'arrêt pour les personnes délicates ; c'est à peine la moitié du chemin pour la cime désirée.

De là, ou plutôt de l'embranchement du petit sentier boisé au chemin horizontal et en corniche d'Artigues, revirer à droite, suivre ce chemin jusqu'à ce qu'on se retrouve sur le vallon d'où dérivent les eaux de Juzet ; s'arrêter alors, et, considérant les pentes douces de bruyères, à gauche, les monter en zig-zag jusqu'aux premiers sapins qui s'offriront à gauche ; incliner ensuite sur la droite en montant la croupe pour gagner le fond de vallon où sort une source et où gît la dernière cabane des pâtres ; passer devant l'abreuvoir aux bestiaux, suivre le sentier qui mène au sommet de cette pente à gauche, puis à droite et toujours sur la croupe, tenant toujours à droite le rocher aride qui d'en-bas semble être la cime ; grimper toujours vers le sommet présumable quand on longe ce rocher ; puis, quand on rencontre une mare où s'abreuvent les bestiaux, considérer la cime plus éloignée vers la gauche, c'est la vraie cime. Alors, suivre ces pentes devant soi en s'élevant graduellement à gauche sur les sentiers formés par les vaches, puis passer encore à côté d'une mare à droite, au niveau du col que ces sommets forment avec le versant d'Aran ; gravir encore insensiblement devant soi jusqu'à l'extrême cime que l'on n'a pas cessé d'avoir devant les yeux. Un amoncellement de pierres confirme le but. C'est là que Reboul et

Vidal firent leurs observations barométriques en 1786.

On domine de là tous les points d'excursion : les vallées de Lys et de l'Hospice, de Burbe et d'Aran ; les ports de Picade, Vénasque, Glère, Tus de Maopas, d'Oo ; les vallées d'Oeïl, de l'Arboust, Superbagnères et Moulné, Luchon et tous ses sommets, ceux d'Aran, d'Aure, de Campan ; la Maladetta dans toute sa majesté, avec ses déclinaisons brusques vers l'Aragon et la Catalogne ; le pic Quaïrat, l'Arbizon, le pic du midi de Bigorre, le rocher de Saint-Bertrand et le pic de Gar de Saint-Béat, etc., etc.; puis la plaine jusques et au-delà de Toulouse, vaste point de vue le plus majestueux peut-être des Pyrénées, et certes des plus intéressants, puisqu'on y voit le plus complet développement de la cime souveraine, la Maladetta ou maudite.

La dénomination locale de ce sommet est Bacaner, qui pourrait dériver de *vacca nera* ; nous adoptons préférablement celle de Bocaner, dérivé de *bocca nera*, ou défilé étroit du pont du Roi situé aux bases de cette montagne.

On redescend par le même chemin ou par deux autres ; l'un, dans la direction de Cier-

Luchon, en se dirigeant à travers les forêts de sapins qu'on domine, amène à Casaux sur la grande route et allonge d'une heure et demie environ; l'autre descend droit à Lès, vallée d'Aran, et augmente d'environ trois heures par le retour du Portillon.

Cette course est donc de huit, ou neuf ou onze heures de route.

PORTS DE VÉNASQUE ET PICADE.

Comme les journées constamment belles sont rares dans les montagnes et que les touristes n'ont jamais que quelques semaines à y dépenser, nous mettrons à profit les temps favorables pour recommander d'abord les courses qui caractérisent le plus la localité; ainsi, au touriste qui a peu de temps, nous dirons :

1° Allez au port de Vénasque, revenez par celui de Picade;

2° Au lac de Séculejo;

3° A Bocaner, si vous ne commencez par là, comme ce serait très-rationnel en cas de temps clair et avec l'intention d'agir instructivement, car la vue à vol d'aigle de Bocaner, l'excursion grandiose du port et la course gracieuse du lac résument ensemble ce qu'il y a de mieux à Luchon.

Revenons à notre excursion :

Quand on arrive à l'Hospice et qu'on a devant les yeux ces masses de roches perpendiculaires bien au-dessus desquelles se trouve le port ou passage par lequel on se rend à cheval en Espagne, cette ascension semble problématique à quiconque n'a pas fait connaissance encore avec la haute montagne. Des sensations d'effroi, de curiosité et d'admiration résultent de cet aspect, d'autant plus imposant le matin avec les grandes masses d'ombre et les jets du soleil.

On traverse le ruisseau ou gave qui descend du Pesson, on monte une belle pente gazonnée, sur laquelle une foule de sentiers tracent une même direction; on passe un second torrent qui, descendant de la Pique, va former la chute dite du Parisien; puis encore quelques gazons de plus en plus raréfiés, et le chemin s'élève toujours facile. La solitude devient désert, quoique l'œil reste encore charmé par la vue de l'Hospice, qu'on domine ainsi que ses pâturages et les pelouses de Kansor semées de troupeaux. Tout ce qui entoure le passant, tout ce qui se présente devant lui, contraste avec ce qu'il laisse en arrière ; le cri seul de la corneille donne encore acte de vie.

On arrive au Culet, où la roche perpendiculaire laisse glisser par une fente plusieurs cascades disparaissant sous les masses de neige que son ombre conserve ; c'est un lieu terrible pour l'imagination montagnarde. Les avalanches y descendent habituellement du plateau supérieur, et l'historique des victimes serait déchirant. Le frère de l'Hospitalier actuel y périt en 1827; on voit aussi à gauche le trou dit des Chaudronniers, où neuf malheureux de cette profession furent engloutis ensemble sous la neige, etc., etc.

On traverse tantôt sur la neige, tantôt sur le ruisseau qui en sort, et on tourne à gauche pour monter à travers l'éboulement rapide et pierreux : c'est le rail du Culet. Les difficultés continuent sans relâche pour les yeux et s'amoindrissent en approchant, tant on a bien pris les sinuosités, serpentements et lacets, termes qui reçoivent en cette excursion leur meilleure démonstration pratique.

Au sommet du rail, toute difficulté semble finie. On entre dans une sorte de vallon sauvage qu'annonce l'*homme*, monument simple comme les lieux et leurs habitués; c'est une pierre schisteuse posée perpendiculairement, soutenue à sa base par d'autres pierres; une source ou gave souterrain apparaît en ces lieux entourée d'herbes vivaces et de rhododendron. C'est là qu'il faut déjeûner, le chétif monument l'indique; le vin et les fruits apportés seront instantanément comme frappés de glace; des gazons contournés sur les roches offrent des siéges en tapis aux dames, que d'autres roches abritent du soleil, et les fleurs diverses fêtent leur présence que charment de beaux aspects.

Les roches brusquement taillées au pied desquelles nous cheminions, il y a peu, vues d'ici avec leurs cimes déchirées et les sommets de Barousse pour horizon, c'est du grandiose sévère, c'est du gigantesque qu'on a sous les yeux, tandis que le corps est suavement étendu près de la plus fraîche naïade.

Un déjeûner ici serait un but attrayant, et nous l'offrons comme épisode, comme un délassement dont nos bonnes et courageuses montures manifesteront aussi leur bien-être.

D'ici la promenade continue moins rapide et sans secousse pour complément utile du repas.

Quatre petits lacs sont d'un délicieux aspect et se déversent l'un dans l'autre avant d'aller glisser sur les roches inférieures. Leurs nuances graduées du vert émeraude au bleu d'outremer contrastent agréablement avec les teintes grises et ocrées de la montagne. Lorsqu'on les domine tous du même coup d'œil, en montant le dernier rail du port, on admire avec enthousiasme, et cependant, l'esprit a bien d'autres affaires. La pente qu'on gravit alors est rapide et imposante. Le vent souffle toujours, ce vent quelquefois si sérieux que, selon l'expression vulgaire : le père et le fils ne s'attendent pas. Fort heureusement, ce degré-là est rare dans la saison de nos excursions où le sentiment seul en existe, et presque toujours. C'est la vie de ce lieu âpre, sans végétation.

Au sommet du rail, une fente de rochers s'offre, résultat du hasard et un peu du travail de l'homme: nous sommes au port. Une petite croix en fer scellée dans le rocher espagnol attire les regards et la pensée dans un lieu si sublime où la nature impose une religion au cœur de l'homme, par la crainte ou par l'admiration.

Au milieu de cette fente, apparaît la Maladetta aux flancs neigeux et glacés contre lesquels les rayons solaires sont impuissants ; c'est le Mont-Blanc des Pyrénées ; c'est la montagne maudite et redoutée, fatale aux chasseurs et aux curieux. Le plus récent de ses griefs est la mort du guide Barrau, en 1824, le 11 août ; il conduisait deux élèves ingénieurs des mines. Partis à cinq heures du matin du plan des étangs où ils avaient couché, ils atteignirent la moraine du glacier à huit heures ; arrivés à peu de distance de la crête, aux deux tiers de la hauteur totale, ils furent arrêtés par une énorme crevasse. Barrau sonda, crut reconnaître la direction de la crevasse et s'élança ; mais la crevasse formait un coude brusque, et le malheureux disparut en gémissant sans qu'aucun secours fût possible.

Depuis ce temps, l'ascension n'a plus été tentée et mérite réellement une poursuite judiciaire contre tout guide assez osé pour offrir ses services sans toutes les exigences imposées par les autorités sardes au Mont-Blanc.

Les eaux du glacier s'écoulent en Catalogne et en Aragon, partie même en France par le trou de Toro, gouffre peu éloigné de celui que nous apercevons du port. Les eaux disparaissent sous terre et vont reparaître à Artigues-Tellin, joindre la Garonne à Lasbordes, vallée d'Aran, et entrer en France à Fos, Saint-Béat, etc.

La Penna Blanca, ainsi dénommée de sa couleur gris blafard, lisse et brillante au soleil, est la pente espagnole du même rocher dont une crevasse forme le port.

Nous sommes en Espagne, et la différence de nature exprime un changement de pays. En France, des eaux, des sapins, peu de neiges; ici, des immensités de neiges, de roches nues, quelques rares forêts de pins à travers lesquelles toujours la roche aride, puis une exposition méridionale exaltant la température atmosphérique.

Ici il faut prendre une détermination : soit, descendre à la jolie petite ville de Vénasque, dont le caractère tout espagnol appelle le touriste; soit, visiter le trou de Toro, passer le port de Viella, coucher à cette ville et revenir le lendemain à Luchon par Saint-Béat; ou, si l'on est baigneur, il n'y a pas à hésiter, il faut retourner par le port de Picade.

Dès lors, descendons une centaine de pas par la pente caillouteuse du sentier espagnol, et, tournant à gauche à travers de mesquins pacages, élevons-nous insensiblement au passage que nous avons devant les yeux ; regardons souvent derrière nous la Maladetta et ses pentes précipitées sur la vallée de Vénasque. Les belles cimes d'Oo semblent avoir tourné avec nous pour réclamer encore notre admiration. Nous arrivons au sommet du col. Le nord est devant nous, et quoique toujours en Espagne, selon les conventions diplomatiques, nous sommes rentrés dans une nature toute française, sauvage encore mais plus verdoyante.

On peut descendre droit à Artigues-Tellin, voir la réapparition de l'eau enfouie au trou de Toro déboucher à Lasbordes, ancien Castel-Léon, et sans atteindre Bosost, se faire indiquer l'ancien chemin des contrebandiers par lequel les Aranais gagnent le Portillon.

Du port de Picade au flux d'Artigues-Tellin............	2 h.	
Du flux à l'hospice d'Art.-Tellin.		½
De l'hospice à Lasbordes....	1	½
De Lasbordes au Portillon....	1	½
Du Portillon à Luchon......	1	»
Total.....	6 h.	½

De Luchon au port de Vénasque il faut quatre heures, plus une heure pour atteindre le port de Picade. Total onze heures et demie de marche. Ce serait une course de treize à quatorze heures avec les haltes.

Mais nous avons entrepris le retour de Picade à l'hospice de Bagnères; suivons cette direction. Lorsqu'après avoir descendu vingt minutes environ vers le nord, le chemin se bifurque, l'un descendant droit à Artigues-Tellin, l'autre tournant à gauche, c'est le nôtre. Nous cheminons sur une crête de roches taillées à coups de pic, d'où l'origine du mot Picade, et inclinant plus à droite, nous semblons perchés sur la crête d'un toit d'où l'on domine les sommets catalans et les cimes de tout le Comminge.

Nous sommes dans un de ces passages intéressants que le touriste le plus consommé traverse avec satisfaction, tandis que le novice sent l'effroi et s'étonne de rester à cheval. Ce point est de courte durée. Nous inclinons bientôt à gauche sur les belles pelouses de Kansor, dans la direction de l'hospice.

Une heure plus bas, nous sommes sur les plateaux qui dominent le vallon du Pesson et l'hospice. Nous pourrions continuer sur ces mêmes pelouses et descendre près la vallée de Luchon, en face Jouéou ; mais continuons vers le Pesson ; cherchons la passe d'où le sentier quitte ces plateaux, et nous descendrons toujours à cheval par des lacets quelquefois rapides.

Plusieurs sources se rencontrent sur ce chemin, à l'abri de rochers et d'arbustes. Nous pouvons faire une nouvelle halte, si, partis en gens expérimentés, nous avons pris les vivres de la journée pour nous et nos montures ; ou bien, nous pousserons jusqu'à l'hospice, ce qui vaudra encore mieux que d'aller dîner à Luchon, comme on le fait d'habitude. On arrive fatigué, dérangé de ses habitudes, et l'on ne peut recommencer impunément.

Le chemin du Pesson passe sous le feuillage de beaux chênes, aux rives du gave naissant. L'arrivée à l'hospice est mille fois délicieuse si un bon dîner nous y attend.

VÉNASQUE, VILLE ESPAGNOLE.

Du port, un chemin pierreux suit les pentes rapides et brûlantes de la Penna-Blanca. Il est très-praticable et très-pratiqué, mais bien différent de celui tracé sur le versant français. Les mulets seuls l'ont frayé, et les pierres arrondies qui couvrent le chemin dans toute sa durée invitent peu aux jouissances de piéton. Il descend toujours raide jusqu'au petit hospice espagnol dont le site n'est pas aussi rassurant que celui de l'hospice français. Il fut détruit en 1826 par une avalanche nocturne qui enleva cinq femmes et trois enfants endormis. L'Hospitalier était absent. On ne trouva vestiges de leurs cadavres que plusieurs mois après.

L'actuelle petite cahute enfumée, le pittoresque et le coloris huileux des habitants, fixent l'intérêt du promeneur, qui ne manque jamais de faire halte sur les gazons qui l'entourent.

Le chemin continue pierreux; de belles cascades mugissent en cataractes au milieu d'une nature toujours sévère. L'établissement sulfureux de Vénasque s'élève peu confortablement à gauche au-dessus de la route, et on arrive jusqu'à Vénasque charmé des sites et peu du chemin.

La petite ville s'annonce par un castel avec bastions et créneaux très-peu imposants par leur structure, mais d'un aspect pittoresque.

Dans un beau bassin, aux rives d'un gave tranquille, elle conserve un caractère d'étrangeté, attrait du touriste. Sa distance du port est celle du port à Luchon.

Quelques lieues au-delà, est une course remarquable jusqu'à Campo, où les rochers se resserrent brusquement et présentent de ces aspects de nature alpestre, rares aux Pyrénées.

LAC DE SÉCULEJO.

Après le port de Vénasque, c'est la seconde course à faire de la part du touriste pressé, quoique nous l'ayons méthodiquement placée en troisième. C'est une localité dont l'aspect doit offrir de douces jouissances et de doux souvenirs. C'est un site célèbre, raison plus majeure encore pour beaucoup de personnes.

Aux mois de juin, juillet et août, où le soleil se lève plus perpendiculaire et plus chaud, il importe d'être à cheval à cinq heures, cinq heures et demie du matin, si on a le désir d'exécuter une promenade délicieuse ; car alors on arrivera jusqu'au lac toujours à l'ombre ;

tandis qu'en tardant on s'expose à plus de fatigue et moins d'agrément. Toute personne de goût connaît l'influence, sur les sites, des grandes lignes d'ombre et des jets de lumière; combien un aspect, monotone et insipide à telle heure, sera grandiose et sublime à telle autre; là est tout le secret du désaccord entre l'esprit artistique et l'esprit vulgaire.

Si donc la raison matérielle de santé ne s'oppose au départ matinal, sachons être pressés, et emportons des vivres pour savourer, dans une atmosphère plus limpide, les jouissances sûres de l'estomac. Les premiers rayons du soleil nous atteindront peut-être aux villages de Saint-Aventin et Castillon; à Casaux, nous les quitterons en saluant la petite église de ce nom, qui, à cette heure, est éclairée avantageusement.

Un peu avant de l'atteindre, le chemin se divise, une partie passant près d'elle, pour se rendre au port de Peyre-Sourde et aux derniers villages de l'Arboust; l'autre à gauche, c'est le nôtre, descend à travers le village de Casaux, près d'un abreuvoir, puis, encore un peu, et incline sur la droite près d'une Madone, remonte, tourne un ravin et nous conduit en vue d'Oo.

Ce village, que précède et domine une tour carrée en ruines, comme Castel-Viel, semble acculé aux montagnes qui s'éloignent à mesure qu'on approche. Le chemin longe le torrent, nous amène sur une espèce de plage devant une petite croix en pierre qui, avec le pont et les cimes neigeuses, offriront un tableau complet à l'heure du retour. Nous avons mis une heure vingt minutes de Luchon ici, pour peu que nous ayons trotté.

Franchissons ce petit pont gracieusement construit sur un gave ici paisible; nous entrons dans le val d'Asto, dont cette partie inférieure est charmante. Nous courons sur des chemins ombragés de frêne, cernés de pelouses bien arrosées et inclinant jusqu'au gave où les digues de plusieurs petits moulins motivent de bruyantes cataractes. Pendant trente-cinq minutes, nous sommes sous l'influence d'une nature riante que dominent, il est vrai, quelques sommets âpres. Tout-à-coup, la végétation cesse; une nature plus sévère s'offre avec le silence du désert; le gave est redevenu silencieux, parce que son cours est plus libre. De gros blocs, épars dans ce vallon, témoignent des catastrophes passées et futures; cependant, une petite pente à gauche du chemin offre encore quelques granges que nous atteignons en cinq minutes. Dans cette solitude majestueuse, nous sommes sur des éboulements ; les sapins assombrissent le rocher vers lequel nous gravissons en lacets.

Après trois quarts d'heure, nous dominons la vallée, et, sous l'ombrage des sapins, nous reconnaissons l'ardeur du soleil et les avantages du départ matinal ; puis, encore quelques pas, nous tournons le rocher, le gave gronde de nouveau à notre droite ; l'émotion nous gagne en approchant. L'eau s'échappe bouillonnante du lac que nous ne pouvons voir encore. Au-dessus est un ruban de cascade en vapeur ; un petit pont en-dessous que nous traversons vite ; nous grimpons au galop, et un aspect de belle nature impose recueillement et silence !!!

De huit à neuf heures du matin, est l'heure matinale de cette vue. Toutes les pentes de gauche sont vaporeuses, la cascade elle-même ne brille que du sommet et du point où elle se brise ; les pentes de droite reçoivent la lumière et se reflètent dans une eau bleu sombre, verte seulement près de son déversoir, parce que là elle est sans profondeur.

La forme intérieure du lac est supposée celle

d'un entonnoir incliné relativement aux pentes qui se voient. Sa profondeur est de 80 mètres, sa surface rond-ovale est de 240,000 mètres; la chute a 320 mètres de hauteur depuis les pierres sur lesquelles elle achève de glisser au lac.

A cette heure où notre heureuse étoile, si le temps est beau, nous a fait arriver, le site a toute sa grandeur : une majesté digne des grands phénomènes de la nature et du soleil qui les décore ; les devants de roches couvertes de gazons qu'il dore et argente, le bleu harmonieux du lac approché de ses digues grisâtres que surmontent le rose pic Quaïrat ou carré et des cimes blanches sous un plafond d'azur; puis, le silence de la montagne, des bestiaux, des pâtres, etc., etc.

Ici, dans une petite cabane que la spéculation a élevée sur ces roches désertes, un déjeûner s'offrira, bon si nous avons apporté de bons vivres; ou, dans tous les cas, des truites bien fraîches et l'assaisonnement de l'appétit qui nous presse.

Si nous sommes de zélés touristes, prenons nos jambes et nos vivres, laissons nos chevaux à l'écurie ou au pacage, et grimpons encore une heure plus haut au lac d'Espingo, solitude ravissante et réelle qui nous récompensera amplement.

LAC D'ESPINGO.

Après avoir repassé le petit pont d'arrivée et tourné à droite pour revenir aux rives du lac, nous montons sinueusement sur le sentier de vaches que le rocher nous offre, puis nous élevant insensiblement au-dessus du lac et passant près des filets d'eau que nous regardions tout à l'heure, à gauche, nous gagnons l'entaillement qui s'offre devant nous; nous suivons une dernière montée pierreuse à travers cet entaillement ou petite gorge. La solitude d'Espingo est à nous : belles pelouses, jolie nappe d'eau où se précipitent des roches perpendiculaires, des pentes couvertes de pins tortueux, et une cime majestueuse et grandiose dont les déclinaisons précipitées sur le lac inférieur rappellent à l'esprit l'idéal du Poussin dans son Polyphème. Artistes! montez au lac d'Espingo : quelle que soit la faible étendue du lac, comptez sur du grandiose. Et vous, âmes poétiques et inquiètes, pour qui la nature est un aliment! et vous, âmes mélancoliques, qu'attire toujours une belle solitude!.....

Là, au moins, vous ne serez pas entourés d'êtres malheureux qui vous portent envie et vous rappellent aux misères et aux dégradations de l'humanité.

Au lac d'Espingo, vous êtes dans les domaines de l'aigle ou du pastoral fier; la nature est à vous, les neiges à votre niveau, et trois autres lacs, dont deux glacés, s'offriront encore si vous montez jusqu'au port d'Oo. Mais cette excursion pénible et belle ne convient qu'au marcheur vigoureux, au naturaliste géologue ou à tout esprit ardent à connaître le pas hardi du contrebandier.

Pour nous, touristes, amis des jouissances et modérés dans nos fatigues, restons au niveau des neiges; promenons-nous aux rives du lac; cherchons un sentier sur les roches arides de droite pour nous conduire à la sortie de ce lac, lorsque redevenu gave limpide, entouré de gazons et de fleurs, il se prépare à une chute imposante. Asseyons-nous à l'ombre de vieux pins; le Quaïrat sera devant nous, et nos estomacs criant au déjeûner savoureront les aliments les plus simples. Nous redescendrons ensuite par où nous sommes montés, et de nouveaux sujets d'admiration se trouveront au retour.

Quand nous arrivons à la cabane de Séculejo, ce n'est plus le même site ; le soleil a tourné et les masses lumineuses sont actuellement des masses d'ombre. La chute s'offre éblouissante, reflétée par toute l'étendue du lac dont les eaux prennent une couleur plus chaleureuse et plus verte. Nous applaudissons à la belle nature, tout en n'éprouvant plus cette poésie d'Espingo.

Une auberge, un impôt faible et inattendu, sont des souvenirs de la vie sociale.

Tandis qu'on eût pu conserver ou élever quelques groupes de sapins dans un espace fermé vis-à-vis la cascade, au lieu de cela, on détruit avidement tous les arbres ; il faut griller au soleil et manger dans une espèce d'écurie.

Et il est triste, dans l'intérêt de la contrée, que des contestations surgissent au sujet d'un impôt dont l'illégalité est flagrante autant que le principe est odieux.

La descente que allons suivre, toujours à cheval, prouve les travaux récents faits sur ce chemin communal ; mais rien n'excuse ni la forme ni le fond de cette exigence.

Quand nous repasserons au pont d'Oo, il sera quatre heures ou quatre heures et demie ; faisons halte sur la place caillouteuse, ayons devant nous la petite croix en pierre, le torrent et le pont à gauche, de belles végétations à droite ; puis des sommets âpres, des neiges éternelles. Voilà un tableau comme les artistes composent, et qui prouve à cette heure que la plus belle composition est la nature vue à propos.

Si nous ne sommes pas pressés, entrons quelques pas dans le village voir la place de l'église que sa situation et de grand vieux ormes rendent pittoresque ; retournons sur nos pas ou plutôt continuons à suivre le chemin qui, passant près de l'église, remonte directement au plateau sur Casaux. Là est une chapelle en ruines d'où la vallée de l'Arboust, vue de ses trois côtés, offre à cette heure de beaux aspects ; c'est un détour de vingt minutes environ. De là on repasse devant la charmante église de Casaux, Saint-Aventin, Ponts-de-Trébons et Luchon, où un bon dîner sans doute, un peu de feu s'il est tard, nous ranimeront délicieusement et étourdiront momentanément la vivacité d'impressions destinées à renaître plus tard et plus vives.

LA VALLÉE D'ARAN.

BOSOST, LÈS,

sera la quatrième excursion conseillée que nous limiterons à Lès pour délasser des trois longues courses précédentes. Cependant, comme les entreprises dans les montagnes doivent toujours se modifier avec l'influence atmosphérique; si le temps est parfaitement beau, sans nuages, sans vapeurs, il convient d'en profiter pour l'ascension facile du Moulné; mais marchons méthodiquement comme indicateur.

Si nous n'entreprenons qu'une promenade à Bosost et Lès, partons à notre guise. Il faut deux heures et demie au plus pour Bosost, trois quarts d'heure de Bosost à Lès; allée et retour, six heures et demie.

Nous traversons Saint-Mamet, tournant de l'église à droite vers les montagnes et Castel-Viel; quand on a dépassé le Castel et qu'on incline à gauche, le chemin se bifurque, partie inférieure, partie plus montueuse, plus fréquentée et meilleure, c'est le nouveau chemin d'Espagne. Il passe bientôt sous la cascade Pich de Vergès, s'élève rapidement et domine fuyant les pentes de Luchon ; il entre dans de fraîches prairies que la Burbe arrose en donnan son nom à la vallée.

Au bout des prairies, la montée du por commence. Quand, acculé au fond du vallon, au milieu des sapins, un chemin monte rapid devant nous, il faut s'en défier et tourner à droite par le plus frayé ; il tourne le but pour l'atteindre plus facilement et plus vite. Après plusieurs circuits montueux sous les noirs sa pins, un espace clair apparaît près d'une masure ; les rayons solaires nous chauffent, nous sommes en Espagne. Sortant d'un ombrage humide, un soleil chaud nous réjouit et nous illusionne d'autant mieux si nous rencontrons quelques bonnets rouges ; car ces vallées sont françaises de leur nature, l'ont été administrativement sous l'empire et doivent revenir à leur condition naturelle, échangées un jour contre d'autres vallées françaises de convention et espagnoles de nature.

Un sentier rapide et pierreux nous descend près d'un gave naissant où s'embranchent plusieurs sentiers, deux à droite, par le dernier desquels on vient directement de Lasbordes.

Continuons devant nous sur le terrain plat quelques instants. Le chemin s'enfourche bientôt avec un à gauche dont nous nous abstenons. La descente va se présenter. Bosost est sous nos pieds et ses toits d'ardoise lui donnent l'air d'un village français ; l'aspect de ce riche bassin où brille la Garonne, la vue de Lès, de Canejan perché sur la montagne, et ces roches abruptes que nous savons être la frontière du Pont-du-Roi ; ces belles pelouses près desquelles nous descendons ; tout charme cette descente rapide.

Nous entrons à Bosost deux heures un quart environ après avoir quitté Luchon. La police aux chevaux reçoit notre tribut d'une pécète (50 centimes), qu'il faut s'empresser de satisfaire afin d'éviter tout désagrément. L'église, peu intéressante, est une visite d'usage ; puis on se rapproche du pont sur la Garonne sans le traverser. On suit la promenade en descendant la rive gauche ; un passage s'offre à travers des roches brisées majestueusement ; un mugissement gronde plus bas ; les flots resserrés se précipitent ; des troncs de sapins flottent, heurtent contre le roc et produisent des effets de tonnerre, des émotions de terreur. On peut mettre pied à terre au-delà des rochers, et le touriste hardi contemplera ce beau spectacle en passant sur un pont formé de trois arbres par les conducteurs de ces sapins flottants; ou mieux, il attendra le retour par l'autre rive. Un fort sur un rocher semble ajouter à la résistance naturelle du passage, après lequel le chemin court plainier jusqu'à Lès.

Une gracieuse construction, aperçue à droite, est l'établissement thermal élevé par M. Badin sur des ruines romaines. Le logis principal des baigneurs est l'ancien château des seigneurs de Lès. Après le pont, tournons la principale rue à gauche; le dernier portail de droite, sur un verger, nous y mène; là, nous déjeunerons bien à des prix très-modérés. Dans une gracieuse habitation, du reste peu seigneuriale, nous goûterons les avantages offerts aux baigneurs : ombrage, fleurs et fruits, café, chocolat, vins exquis et cigarres de l'Espagne; tout cela, sagement tarifé comme les bains, les logements et tout ce qui dépend de l'actif et judicieux propriétaire, M. Badin.

Le rencontrer est une bonne fortune pour quiconque s'intéresse à l'historique et aux particularités intéressantes de la vallée. Nous irons avec lui voir ses jolis bains, auxquels il va adjoindre un hôtel du genre gothique. Dépassant ensuite de deux cents pas sur l'herbe, nous regarderons l'ensemble des bains, du village, du Viel Castel, de Canéjan, village sur les rochers qui ferment le domaine d'Aran, au Pont-du-Roi; puis le rideau montagneux de Saint-Béat. Cet aspect, à deux heures, forme tableau.

Si nous sommes partis tard de Luchon pour voir seulement Lès et y bien déjeûner, nous aurons toute satisfaction d'un but atteint; nous retournerons par l'autre rive, celle des bains. L'accès sera facile à voir les eaux mugissantes. Halte un moment! C'est, en ce genre, du beau et du terrible: n'y passons pas nonchalamment.

Nous arrivons de là à Bosost en traversant le pont, et nous remontons la pente que nous avons descendue.

PONT DU ROI. FOS. SAINT-BÉAT.

Si le départ de Luchon pour Lès a été matinal, c'est-à-dire vers cinq ou six heures au moins, on peut allonger la course en retournant par Bocaner ou par Saint-Béat.

Par Bocaner, il n'y aura allongement qu'autant qu'on montera à l'extrême cime ; autrement, le passage seul pour redescendre à Juzet n'exigera guère plus de peine que par le Portillon.

Par Saint-Béat, l'excursion très-intéressante exige une heure un quart jusqu'au Pont-du-Roi, trois heures jusqu'à Saint-Béat, puis trois heures de Saint-Béat à Luchon ; total, neuf heures de marche et deux heures de halte : course d'environ onze heures.

Au-delà de Lès, le hameau de Pontaout, ainsi dénommé d'un pont hardi sur la Garonne, est le pied de l'espèce d'échelle qui monte à Canéjan. Le défilé commence et se resserre de plus en plus jusqu'au Pont-du-Roi, frontière intéressante sous les points de vue historique et pittoresque. Un passage étroit, où une armée peut être arrêtée par quelques hommes, explique l'état exceptionnel et les priviléges dont a pu jouir long-temps cette vallée d'Aran.

Celtique et romaine, elle eut toutes les destinées de Luchon : tantôt tributaire du Comminge, et tantôt de l'Aragon. Elle fut cédée en 1192 à l'Espagne, parce que Béatrix, fille de Bernard, comte de Comminge, épousa un seigneur d'Aragon et l'eut en dot. Son spirituel continua à dépendre de l'évêque de Comminge jusqu'en 1802, où il passa à l'évêque d'Urgel. Devenue française sous l'empire, elle fut rendue en 1814 à l'Espagne, dont elle continue à dépendre, jusqu'à ce que quelque transaction amiable la replace dans sa sphère naturelle.

Après le pont du Roi, que la fureur des flots resserrés enlève fréquemment, le chemin passe sous la vieille tour de Pomorin, et le poste de douane est la première habitation française.

Des scieries, des tas de roules bordent la Garonne qui fuit bruyamment au niveau des prairies. Une longue avenue d'arbres conduit jusqu'à Fos, petite ville qu'a enrichie son commerce avec l'Espagne au temps des priviléges de la vallée d'Aran. Aujourd'hui, c'est encore un gros bourg assez commerçant, dont la riche vallée s'étend jusqu'à Saint-Béat.

A Fos, commencent les routes carrossables, et c'est le rendez-vous des équipages de Luchon. Quatre promeneurs arrivent en voiture, quatre à cheval par la montagne. L'échange se fait à Fos. Chevaux et voitures emportent chacun leurs nouveaux maîtres.

LASBORDES, ARTIGA DE LIN, VIELLA.

Notre esprit est attiré sur la vallée d'Aran.

Continuons les indications sur elle, sauf aux touristes à entremêler d'autres courses.

Pour cette dernière course entière, quinze à seize heures sont nécessaires; il faut être vrai touriste. A cheval, entre trois et quatre heures du matin, nous traverserons de nuit la jolie vallée de Burbe, aux cris plaintifs de la chouette, et nous recevrons les premiers rayons solaires sur le versant espagnol. Bosost exigera notre passage pour la police du cheval, autrement nous abrégerions; mais la route de Bosost à Lasbordes a de l'intérêt. Elle remonte la rive gauche de la Garonne et passe près de magnifiques masses granitiques où le gave resserré, de gros arbres suspendus sur l'abîme, méritent un regard. Puis on est ensuite en vue d'un village groupé sur la pente d'un mamelon que couronne un castel en ruines. C'est Lasbordes, ancien Castel-Léon et ancienne capitale d'Aran.

Un pont précède ce village, sur les eaux d'Artiga de Lin, qui se versent tout près à la Garonne. C'est vers la source de ces eaux que nous allons gravir.

Arrivons à l'église, tournons à droite et remontons sur la rive droite de ce nouveau gave ou guéou de Artiga de Lin. Environ après une demi-heure, un pont s'offre que le chemin traverse sans hésiter, et dès lors nous sommes sur la rive que nous ne quitterons plus. Nous défiant du pont, suivant et gravissant alors devant nous sur la gauche, nous apercevons bientôt l'ermitage, hospice ou ferme d'Artiga de Lin. C'est un beau bâtiment avec ailes et terrasse adjoint à une chapelle; abri des voyageurs, attrait des pèlerins.

Une demi-heure au-delà, sur le chemin du port de Picade, mugit une cataracte dont le grondement arrête le voyageur. A travers le feuillage, on aperçoit difficilement la réapparition de l'eau enfouie au trou de Toro. Elle roule sur un amas rapide de roches brisées, apparaissant ici après une marche souterraine de cinq ou six lieues. Ce phénomène naturel est placé sur l'autre versant du gave, de sorte que si on désire l'examiner de près, il faut tourner un peu au-dessus et dépenser une heure environ. Mais son point de vue pittoresque est insignifiant.

Rétrogradons à Lasbordes, et reprenons la route de Viella. Restons toujours sur la rive gauche jusqu'au pont d'Aubert. Viella est l'espace d'une heure au-delà, et vue à moitié de ce chemin, elle se présente majestueuse sur des pelouses vivaces que dominent des sommets parsemés de neiges. Une foule de clochers s'élèvent entre ses chétives maisons, et un fortillon réédifié par la dernière lutte politique caractérise le séjour d'un gouverneur qui administre la vallée avec l'aide d'un juge suprême dénommé gran-judex.

Il est inutile d'aller plus avant si l'on ne compte pas découcher. De Lasbordes on se fera montrer l'ancien sentier de contrebande qui va droit au Portillon, et l'on rentrera à Luchon à la nuit tombante.

Si l'on veut coucher à Viella, on verra l'église gothique de Mitg-Aran, située sur l'emplacement d'un autel de sacrifices païens, Aram ; cause du nom de la vallée. On pourra remonter les deux vallées qui débouchent à Viella ; celle de gauche jusqu'à la source de Garoun, près Montgarri, et le port d'Orte ou encore aux ports de Pallas, Caldak et Rieus, etc. ; celle de droite, où descend le Negro du port du Viella, par lequel on communique à Vénasque, Aragon.

Pour ces dernières excursions, on peut encore aller de Luchon à Saint-Beat, visiter Lès,

Bosost, Lasbordes, monter la charmante vallée de Artiga de Lin et coucher à Viella.

Le deuxième jour, monter aux divers ports à gauche.

Le troisième jour, monter le port de Viella et descendre à Vénasque.

Le quatrième jour, revenir par le port de Luchon ou de Picade.

SUPERBAGNÈRES.

Après les fatigues précédentes, reprenons haleine, et, bien que nous aimerions monter de suite au Moulné, il sera plus sage de faire une petite course. Superbagnères remplit ce but. Soyons matinal, cependant, si nous voulons trouver les objets convenablement éclairés. Que six heures nous trouvent à cheval, si nous ne nous baignons pas.

Suivons l'allée dite des Soupirs, et laissant le pont de Mousquères à droite, continuons droit devant nous. Nous arrivons à un très-petit pont sur le Gouéou ou gave de Gouron. Reculons quelques pas et montons brusquement un charmant petit sentier en zig-zag, bordé de prairies et de noisetiers. En vingt-cinq minutes nous arrivons aux premières granges où plusieurs sentiers se croisent. Attention : tournons le premier sentier à droite sur la même prairie. Ce sentier va nous mettre dans le chemin creux, espèce d'aqueduc, qui atteint directement en vingt minutes le petit hameau ou assemblement de granges de Gouron, dépendance de Saint-Aventin.

Passons le pont d'arrivée, montons aux maisons et repassons un peu au-dessus, à gauche, un autre pont sur le même cours d'eau. Lorsque le chemin se bifurque, prenons à gauche et montons bien attentivement les lacets à travers les sapins, car plusieurs sentiers d'exploitation pourraient ici nous tromper; restons longtemps sur la même croupe en vue du ravin à notre droite ; la même croupe doit nous mener au sommet. Ainsi, lorsque le sentier semble nous diriger dans ce ravin, après un quart d'heure environ, continuons à monter à gauche: le chemin nous portera alors vers le versant de Luchon, et nous pourrons ensuite monter tranquilles, suivant toujours le sentier le plus rapide. En quarante-cinq minutes depuis

Gouron, nous devons arriver aux pâturages de Superbagnères.

Au sortir des sapins, l'œil est surpris par de magnifiques pelouses qu'il domine et qu'on ne présume pas du fond de la vallée, les crêtes frontières et la Maladetta terminant l'horizon d'un tableau riant et pastoral ; mais quinze minutes encore, gravissons à notre droite ces pentes rapides qui nous promettent une vue plus vaste ; l'extrême cime domine la croupe qui nous a amenés, et là, sur un plateau encore assez étendu, l'admiration circulera autour de nous.

Luchon sous nos pieds, sa vallée, ses villages ; vallée d'Aran vue par-dessus le Portillon et son village d'Arres ; Bocaner et toutes les pentes que nous avons gravies ; ports de Picade, de Vénasque, de la Glère, de Maopas, des Toas et les neiges de Carabioules, séjour des Crabes ou Isards, puis la cime blanche de la Maladetta, l'Arbizon, dominateur des vallées d'Aure et de Campan, et la vallée d'Oeïl, développée sous notre vue jusqu'à la cime de son Moulné que nous gravirons bientôt.

Près de nous est ce pic Quaïrat ou carré dont la forme facilite la reconnaissance ; suivons la crête devant nous, à droite, qui nous conduit à sa base : nous serons bientôt à cheval sur la vallée de Lys et sur celle de Gouron ; de là se distinguent les cascades connues, là il faut prendre détermination.

1° Descendrons-nous directement à la vallée de Lys ? En n'allant pas aux cascades, c'est à peu près la même distance que par où nous sommes venus ;

2° Suivrons-nous le sentier de l'Arboust qui, longeant les sommets de Gouron, va descendre sous Casaux ? ou bien :

3° Sur les traces de ce premier sentier, irons-nous à la piste des premières eaux de Gouron, tomber directement sur ce hameau et de là suivre le chemin qui descend facilement à Saint-Aventin ? *E viva*, pour cette dernière tournée plus neuve, qui ne manquera pas d'approbations.

Mais instruisons d'abord ceux qui veulent descendre à Lys. Ils descendront sur les belles pelouses que nous avons admirées en arrivant, près l'abreuvoir des bestiaux ; c'est là qu'il leur convient de déjeûner près la source, puis continuant le sentier tracé devant eux, ils tourneront un peu à droite sur le versant de Lys, et la descente à travers prairies, chalets et bois, les mènera en une demi-heure sur les pelouses de la vallée.

Le sentier qui incline à l'Arboust est tout tracé sur les cimes de Gouron.

A nous, amis du nouveau, suivons la pente de Gouron. Aux premières eaux, halte et déjeûner. L'observation des lieux nous tracera les pentes qu'il faut suivre jusqu'aux sapins plus bas, où le chemin sera plus tracé. Nous avons fait station dans un lieu pittoresque orné de fleurs, nous allons bientôt rencontrer de beaux sapins, sous l'ombre desquels nous arriverons sans peine à Gouron, et de Gouron, le chemin de Saint-Aventin nous paraîtra une grande route ; nous allongerons d'une heure environ, mais que de satisfaction dans cette agréable course de quatre heures au plus !

MOULNÉ. VALLÉE D'OEIL.

Enfin nous voilà au parallèle de Bocauer. Ces deux cimes, comme deux tours immenses, explorent tout le domaine de Luchon. La vallée d'Aure sous le Moulné et la vallée d'Aran sous

Bocaner, conduisent toutes leurs eaux à la Garonne. Ce sont donc deux observatoires au centre de la chaîne des Pyrénées, spectateurs des plus hauts sommets et de leurs déclinaisons vers la Méditerranée ou l'Océan.

Il faut trois heures trois quarts pour atteindre cette cime, et plus il sera matin ou soir, plus l'effet intéressera.

On suit la route de l'Arboust presque jusqu'à la chapelle miraculeuse de Saint-Aventin; au dernier et court lacet avant d'y toucher, on suit devant soi le chemin de la vallée d'Oeïl et on conserve sans cesse le torrent à sa droite. Après une courte montée, on passe près d'un abreuvoir et quelques maisons, c'est Benqué-dessous. On continue devant soi, quelques pas plus loin est Benqué-dessus, à cinquante-cinq minutes de Luchon.

Ici, après l'église, il faut passer à gauche sous un toit de grange pour entrer dans le hameau, puis tourner la rue à droite et encore à droite après la dernière maison, passer sous un autre toit de grange; au premier embranchement, prendre la droite; au deuxième, la gauche, par où on s'élève un peu pour redescendre près le pont de Saint-Paul; on monte quelques pas le chemin qui va aux sapins, puis on prend à droite un sentier à travers la prairie longeant le torrent à faible distance. Un autre pont se présente, celui de Maïrègne, dont l'église pittoresque attire gracieusement le regard ; elle intéresse plus encore vue du village avec la Maladetta pour rideau horizontal. Continuer devant soi le petit sentier sous les frênes qui bordent le gave, vient un troisième pont, celui de Coubous ; le sentier alors est à peine tracé ; on longe la scierie, on suit la rigole à travers la prairie, toujours près du gave ; on arrive au quatrième pont, celui de Cires, que décore aussi une église pittoresque, et l'on suit toujours la même direction, bien que rigole et sentier deviennent invisibles. Lorsque les prés ne sont pas fauchés, on peut passer le pont, et traversant Cires, on arrive presque aussitôt à Bourg, que l'on traverse également toujours courant devant soi ; mais, si les prés sont praticables, on se maintient sur la précédente rive à soixante pas environ du gave, et on s'élève sur les petits mamelons qui le dominent.

On continue devant soi sans relâche, laissant encore à droite un cinquième pont, celui de Bourg, dernier village sur la pente d'une montagne aride où de grosses pierres superposées aux maisons menacent depuis des siècles la fragile humanité.

On se dirige à la montée qu'on a devant les yeux; la cime la plus distante est le Moulné; on passe alors un petit pont près d'une scierie mue par le gave qui descend de la belle sapinière de gauche; on fait un léger crochet à droite près d'une madone, où l'arbre planté pour la Saint-Jean de l'année suivante témoigne de la constance des vieux usages; c'est là que commence l'ascension. De Luchon ici, il faut deux heures un quart, une heure pour monter au port et une demi-heure à la cime.

De vieux et beaux sapins bordent la pénible montée pour nous distraire des secousses du cheval. De grands rochers, à droite, sont éclairés des rayons du matin, et, dans la majestueuse solitude où nous avançons, il y a récolte d'émotions et sensations.

Après une heure, on atteint le port de Peyrefitte et la pierre schisteuse fichée en terre comme monument du passage. Les pentes boisées de l'autre versant sont sous nos yeux ainsi qu'un petit lac sur la gauche. Déjà l'aspect est grandiose et étendu; mais en s'élevant une demi-heure encore sur la pente de droite que le cheval gravira aisément, on aura franchi la région exclusive de l'aigle. On dominera une mer de montagnes : la Maladetta et les cimes dentelées de Catalogne, les masses neigeuses d'Oo, les gorges de Clarbide, de la Pez, de Biels ; les tours du Marboré derrière lesquelles brille la tête blanche du Mont-Perdu ; plus près de nous, le triste Arbizon, l'intéressant pic du midi de Bigorre, les rochers d'Espade ou Tourmalet ; puis enfin les maisons éparses d'Arreau sous nos pieds, et toute la vallée d'Oeïl ; les sommets de Barousse, de Comminge, de Bigorre ; la plaine de Tarbes et l'interminable horizon de Toulouse.

Après une pause suffisante, qu'il convient d'employer à déjeûner en vue de tant d'immensité, on pense au départ, et plusieurs directions s'offrent pour retour : l'une sur les plateaux de l'Arboust descend à Jurevielle ; une autre incline vers la Barousse et suit les plateaux qui la séparent d'Oeïl ; c'est celle que nous préférerons. Nous descendrons par Coubous ou Saint-Paul, et la Maladetta sera toujours devant nous.

Si on est venu voir le soleil levant, on a du temps devant soi : on peut descendre aux bains de Ferrère dont la vallée part immédiatement sous le Moulné; on reviendra par Mauléon, Sainte-Marie et Cierp.

On peut encore, de Mauléon, monter voir les marbres de Sost, revenir visiter le château de Bramavaque, et coucher à Saint-Bertrand pour regagner Luchon le lendemain, en visitant Saint-Béat.

PROMENADE A MAÏRÈGNE.

Sur le chemin du Moulné, ce petit village mérite une promenade spéciale, c'est un joli but pour les personnes qui ne veulent pas de fatigue.

Suivre l'indication précédente jusqu'au pont de Maïrègne ; c'est le plus riche village de la vallée, il respire aisance et bien-être : de frais gazons à ses pieds, d'abondantes moissons sur ses pentes, abrité du nord par des sommets arides, regardant au midi de sombres forêts de sapins sur lesquelles se détache sa pittoresque église, élevée sur un mamelon, et au-dessus de laquelle les neiges éternelles complètent un charmant tableau.

Quand on arrive, on longe l'église, un sentier s'offre à droite à travers champs, c'est celui qui communique à Saint-Paul et par lequel il faut revenir. Les neiges d'Oo, vues de ce sentier, se prolongent et semble s'unir à celles de la Maladetta. L'église Saint-Paul est aussi dans une situation délicieuse. Une ancienne habitation seigneuriale, près de laquelle on passe, témoigne des avantages du séjour. On continue le chemin de Sacourviel, village situé sur une pente très-rapide. On va passer à la Tour, dite *Castel-Blancat*, et descendre par le hameau de Trébons aux ponts de ce nom. Il faut environ trois heures.

TOURNÉE DE L'ARBOUST.

Tous les deux jours, part de Luchon un facteur rural dont la tournée est assez intéressante pour être imitée ou faite de compagnie par les amateurs. Il grimpe directement à Cazaril, traverse Trébons et se rend, par Castel-Blancat, à Sacourviel, Saint-Paul, Maïrègne, Coubous, Cires, Bourg, revient par Benqué dessus et dessous, monte Saint-Aventin, Castillon, Casaux, Bilhère, Garin, Catervielle, Jurevielle, Portet, Gouaou, d'où il descend perpendiculairement à Oo, et revient gaillardement chargé des épîtres montagnardes pour Luchon.

Après toutes ces courses ou promenades, une nouvelle ascension à Bocaner classerait la connaissance de tous les lieux parcourus ; c'est de là qu'il faudrait dire adieu aux montagnes de Luchon.

RÉCAPITULONS POUR CHACUN :

Vous, baigneurs et buveurs, renoncez aux longues courses : suivez les promenades et les courses modérées : la vallée de Lys et ses cascades, la cascade des Demoiselles, celles du Parisien et l'Hospice, la vallée de Burbe et celle d'Aran jusqu'à Lès, toute la vallée d'Oeïl jusqu'à Bourg, et la vallée de l'Arboust jusqu'à Oo ; que le lac, tout au plus, soit votre excès.

Vous, touristes ! allez et courez.

CONSEILS AUX BAIGNEURS.

A ceux qui viennent aux eaux sous l'influence d'Esculape, nous conseillons de ne s'y pas soustraire; car, on ne saurait trop rendre hommage aux études spéciales et à l'expérience pratique.

Mais à ceux qui, suivant l'indépendance des idées et des choses de l'époque, arrivent de leur propre inspiration ou avec misanthropie médicale, nous devons quelques indications pour l'honneur des thermes, et surtout pour leur intérêt propre.

Nous leur présenterons les thermes comme un temple religieux, et, s'ils refusent les interprètes, qu'ils reconnaissent au moins le principe qu'ils invoquent.

Tous les ans, à diverses eaux, quelques baigneurs découragés partent maudissant thermes et médecins, tandis que, le plus souvent, ils doivent maudire eux-mêmes et leurs infractions aux conseils de l'expérience.

Pour les maladies aiguës, il faut redouter l'emploi des eaux minérales, si universellement bienfaisantes aux maux devenus chroniques ; mais l'importance première, dans leur usage, c'est la surveillance des organes chefs : le cœur, les poumons et l'estomac. Voilà l'écueil des indépendants. L'action tonique minérale tend à ramener le mal à l'état aigu ; il faut suivre cet effet, et, lorsque la nature s'exprime par la souffrance, on doit suspendre fréquemment ou varier la température du bain.

On doit aussi être convaincu que la nature seule fera les frais de guérison ; que le minéral n'étant qu'un éperon pour réveiller l'ensemble des forces et activer spécialement celles qui manquent à l'harmonie, un grand calme et beaucoup de recueillement seront rationnels.

Ainsi :

1° *Défiance de l'appétit accidentel* développé par les eaux.

Personne n'ignore que nous mangeons tous plus qu'il n'est utile. C'est un luxe de gourmandise auquel veut bien s'assouplir notre estomac, mais dont nous récoltons les fruits par tant de maux. Tâchons de le croire lorsque le mal se manifeste, et surveillons-nous mieux, si nous voulons sincèrement guérir.

Les eaux activent cette fonction. Il faut résister, se contenter d'un peu de potage, de viande grillée ou rôtie, de légumes peu assaisonnés et de fruits cuits ou très-mûrs ; peu de laitage, peu de vin, et surtout absence totale de pâtisseries, sauces, ragoûts, etc.

Ces principes de l'estomac conviennent à tous les tempéraments, et (sauf la quantité), à toutes les maladies, soit des organes, soit des membres, même les plus indifférents.

2° *Calme d'esprit et tranquillité de corps.*

La résignation et l'exercice modéré entretiennent et rétablissent la santé. Ainsi, le baigneur, sortant de l'eau, devra se mettre au lit pendant une demi-heure au moins, afin de rétablir l'état naturel de la peau ; puis, déjeûner sobrement et se promener sans fatigue à pied, à cheval, au pas ; en voiture ou en chaise à porteurs ; mais il n'entreprendra pas de courses qui durent plus de trois ou quatre heures, parce que le refroidissement, la fatigue ou l'échauffement contrarieraient l'état de fièvre factice que doivent produire les eaux, quoiqu'à un degré souvent imperceptible.

3° *Se rapprocher des lois de la nature :* la veille et le sommeil.

Tout le monde connaît l'influence matinale sur tous les êtres de la création. A cette heure où tout dans la nature manifeste un principe vivifiant, le corps humain ne peut être insensible, et le malade principalement ; cependant, quand l'hygiène recommande le bain matinal comme plus avantageux, le vulgaire n'y voit que les avantages de commodité. Et, si la puissance créatrice a fait le jour pour l'activité, la nuit pour le repos, que de maladies peuvent n'avoir d'autre origine que ce renversement des choses créées, et cette insulte au souverain principe des religions.

Si donc, nous faisons un sacrifice momentané à la raison et à la santé, faisons-le complet et essayons si de ces trois préceptes :

Surveillance de l'estomac,

Activité modérée,

Coucher de poule et lever de coq,

pour aller se plonger au bain, et ensuite une heure au lit ; essayons si de tout cela, continué pendant un mois, il résultera quelque chose de bon.

Et, si un commencement de mieux apparaît, patience et longueur de temps! venez à nous......

FIN.

AVIS.

Trois diligences arrivent chaque jour de Toulouse à Luchon par Saint-Gaudens ; une autre est spéciale à Saint-Gaudens et à la vallée ; une, d'Auch, communique trois fois par semaine avec les bateaux à vapeur d'Agen ; deux, de Bagnères-Bigorre, alternent chaque jour le service de ces lieux, et une foule de voitures circulent en tous sens et à volonté.

Une concurrence de bons traiteurs, cafés, cabinet de lecture, pharmacies, modes et nouveautés, et grand concours de commerce pendant la saison.

Aux mois de juin et surtout juillet et août, l'affluence d'étrangers élève les prix ; mais au printemps et surtout en automne, où une foule d'avantages semblent réunis : température meilleure et plus égale, baisse de prix sur toutes choses et particulièrement sur les eaux, puisqu'à partir du 1er octobre le fermier est taxé à 5o centimes le bain, 25 centimes la douche, linge compris; on doit déplorer que tant d'êtres infortunés n'y accourent pas!! Avis aux bourses délicates.

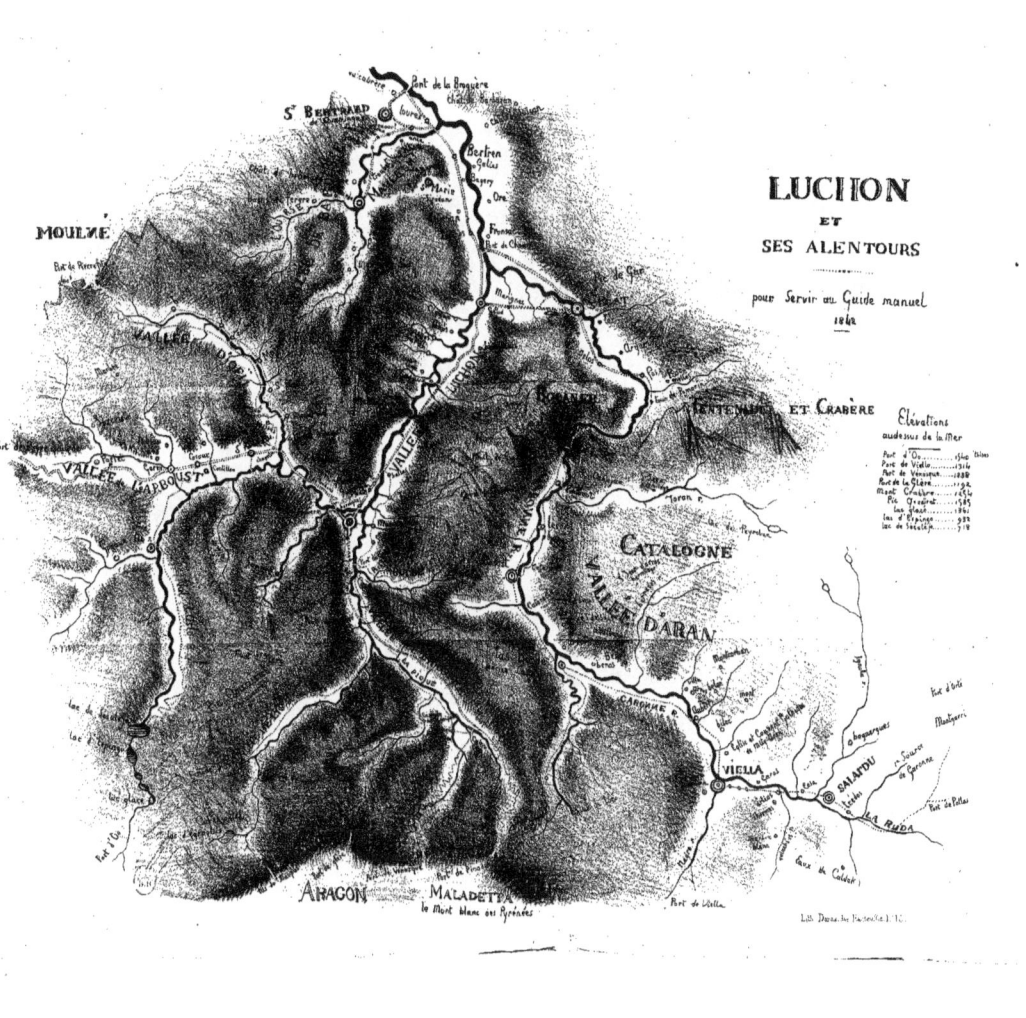

		Pages.
Ascension à Bocanér (8, 9 ou 11)		46
Ports de Vénasque et Picade (12 à 13 h.)		50
La Maladetta, la Penna blanca (12 à 13 h.)		56
Vénasque (pour aller, 9 h.)		59
Lac de Séculejo (6 à 7 h.)		61
Lac d'Espingo (2 h. de plus)		66
Vallée d'Aran. Bosost. Lés (6 h. 1/2)		70
Pont-du-Roi. Fos. Saint-Béat (11 h.)		74
Lasbordes. Artiga de Lin viella (15 à 16 h.)		75
Superbagnères (3 à 4 h.)		80
Mouliné. Vallée d'Oeil (3 h. 3/4 pour monter)		84
Promenade à Mairègne (3 h.)		89
Tournée de l'Arboust		90
Conseils aux Baigneurs		93
Avis		99

— 102 —

	Page.
Cascade de Montauban (1 h. 10 m.)	26
Cascade de Juzet (1 h. 1/2)	28
Salles (1 h. 1/2)	29
Antignac (1 h. 1/2)	Id.
Moustajon (1 h. 1/2)	Id.
Castel-Moustajon (1 h. 1/2)	Id.
Scierie de Saint-Mamet (1/2 h.)	30
Castel-Viel (1 h. 1/4)	31
Source ferrugineuse (1 h. 1/2)	32
Pont de Pequérine ou des douaniers (1 h.)	33
Pich de Vergès (1 h. 1/2)	35
Pont de la Pade (1 h. 3/4)	Id.

COURSES ÉQUESTRES.

Vallée de Lys ou des Litzs (3 à 4 h.)	37
Cascade d'Enfer (3 à 4 h.)	30
Cascade du Cœur (3 à 4 h.)	Id.
Vallée de l'Hospice (4 h.)	42
Cascade des Demoiselles (4 h.)	Id.
Cascade du Parisien (4 h.)	44
l'hospice (4 h.)	45

TABLE DES MATIÈRES.

	Page.
Saint-Bertrand de Comminges	8
Cierp	11
Saint-Béat	12
Route de Luchon	14
Luchon	16

PROMENADES.

Promenade de Piqué	20
Petit bois des bains. Fontaine d'amour (40 m.)	*Id.*
Promenade de la Casseyde (3/4 d'h.)	21
Pont-de-Trébons. Chapelle miraculeuse (2 h.)	23
Église de Saint-Aventin (2 h. 1/2)	25
Montée à Cazaril (2 h.)	*Id.*

www.ingramcontent.com/pod-product-compliance
Lightning Source LLC
Chambersburg PA
CBHW070525100426
42743CB00010B/1959